JN408948

이삭

The Waste of Sole

이삭

The Waste of Sole

한승덕 시집
Syung D. Han

도서출판 천우

■ 작가의 말

유년 시절부터 순박하고 풍요로운 서정 속에서 늘 시인을 꿈꾸어 왔습니다. 그 마음은 성년이 되어서도 더 간절해졌고 그동안 생업에 매진하면서도 늘 마음 한편에 고독한 감정이 자리 잡고 있음을 부정할 수 없었습니다.

저는 오랜 시간을 타국에서 이방인으로 살면서 역사와 문화 속에 녹아든 인간의 다양한 삶과 그 의미에 대해 깊은 관심을 갖기 시작했습니다. 이후 비교문화론적인 관점에서 각국의 역사와 문화를 이해하게 되었고, 이를 통해 장구한 역사를 이루어 낸 인간이 하나의 개체로서 어떠한 삶을 이루어 나가야 할 것인가에 대해서도 고민하게 되었습니다. 또한 문화의 기저 속에 녹아든 인간의 다양한 삶과 철학을 노래하고 싶다는 마음은 저를 자연스럽게 시인의 길로 이끌어 주었던 것입니다.

시를 쓰면서부터 비로소 저는 제 본래의 모습으로 돌아왔다는 느낌이 듭니다. 언제나 고국을 향한 마음을 앞세우고 방랑자의 모습으로 살아오면서도 할아버지와 아버지를 거쳐 제 핏줄에 흐르는 한국인이란 인연은 제게 시인의 길을 열어 주었고 드디어 이번에 첫 시집을 묶게 되었습니다.

이방인은 항상 경계에 위치해 있지만 그 경계에 위치함으로써 존재의 의미를 다시금 되새기게 하고 이를 통해 초월자의 모습에 한 걸음 더 다가갈 수 있다고 믿습니다. 앞으로도 이런 깨달음을 바탕으로 제 마음속의 노래를 시로 풀어내고 싶습니다.

May. 2009

Sgoong T. Han

■ 축하의 글

金天雨
시인 · (사)세계문인협회 이사장

신록의 계절을 맞이하여 산과 들, 강, 그리고 들녘, 노을빛에 젖어드는 조국의 향수는 시인을 가만두지 않았다. 초록 물감처럼 청아한 꿈을 가슴에 안고 노도처럼 타오르는 대망의 커다란 이상을 품으며 이방인의 길을 선택했던, 한승덕 시인의 詩의 길을 동행하여 보았다.

19세기 말에서 20세기 중반까지 후기 낭만주의 음악의 마지막 주자로서 명성을 떨쳤던 리하르트 슈트라우스, 그의 삶과 음악 세계를 대변하는 세기말적이라는 표현이 문득 한 시인의 작품 속에서 만날 수 있었다. '짜라투스트라는 이렇게 말했다' '돈키호테' '살로메' '엘렉트라' '장미의 기사' 등 오페라의 걸작들을 남긴 슈트라우스는 한 시대를 풍미한 천재 음악가로서 그가 남긴 예술적인 성과에 대하여 최고의 극찬과 심오한 사상과 감미롭고 관능적인 오페라 선율로 세세연년 감동을 주듯이, 한승덕 시인의 처녀시집 『이삭』은 불후의 세기말 블루스가 되지 않을까 하는 생각이 들 만큼 이상과 감성을 자극하는 메타포가 가슴을 파고들고 있다. 한 시인은 황야를 달리는 말발굽 소리 같은 시의 운율과 비파 타는 시의 목소리를 가지고 있다. 시인의 삶 속에서 고독과 외로움으로 단절될 때마다 시는 구원자가 되어 주었고 시인의 연인이 되어 우주를 넘나드는 보헤미안이 되었다.

한승덕 시인의 문학과 인생은 바로 자신과의 투쟁에서부터 시작된 고뇌일 것이라 생각한다. 동백꽃처럼 붉게 물들었던 간절했던 사랑도, 강물처럼 젖고 싶었던 애달픈 청춘도 모두 시가 되고, 그리움이 되고 쓸쓸함이 되고 꿈이 되어 가는 것이다. 한 시인이 걸어온 인생 여정을 만나보면 미친 듯이 시를 쓰지 않고는 사막을 가로질러 실크로드를 선택할 수 없었을 것이다. 그에게서 강물소리가 들리곤 하였다. 강물이 흐를 때마다 시인의 인생도 카나리아의 노래처럼 흘러 흘러 갈 것이라 믿었다. 그는 진정한 대한민국의 피가 흐르고 불타오르는 광활한 야망과 독수리같이 무서운 집념 속에서도 시인만의 영혼의 집을 지으면서 서정과 낭만과 사유의 정원을 만들어 갔던 것이다. 한승덕 시인의 시 세계는 이제부터 시작이라고 본다. 봇물 터지듯 뜨거운 시의 물줄기가 천년의 강으로 흘러갈 것이라 생각한다. 시인에게서 하늘 내음을 맡을 수 있는 것은 하늘과 가장 가까운 곳에 살고 있기 때문이다. 우주와 시의 길이 맞닿을 수 있는 곳은 바로 시인의 오아시스와 같은 생명수일 것이다. 지금도 쉬지 않고 말발굽 소리와 함께 시베리아로 카스피아 해를 지나 인도와 사우디 사막으로 북소리에 맞추어 영원한 파괴를 향하여 정열을 불태우며 쉬지 않고 달려갈 것이다. 한승덕 시인의 뜨거운 문학 세계는 영원히 지지 않는 불멸의 수호신처럼 자리 잡고 있는 심상의 바다가 아닐까 한다. 시집 상재를 진심으로 축하하며 시를 통하여 아름답고 훌륭한 천상의 악기를 만들어 주길 기대하면서 시를 통하여 어둠을 밝혀줄 수 있는 빛의 구원자가 되기를 소원하는 바이다. 이 한 권의 시집이 유럽과 아시아를 연결하는 소통의 열린 장이 될 것이라 믿어 의심치 않으며 최고의 명품 시인으로 거듭나길 기대하고 싶은 마음이다. 또한 『이삭』이 번역이 되어서 만인의 가슴을 적시는 영혼의 엘레지로 남을 것으로 믿는다.

1부

이방인

2부

올드 델리

3부

인연

제1부

이방인

Hope City

만년설이 뒤덮여
구름도 쉬어가는
Tien-Shan 산맥을 바라보며
Issy-Kul Lake를 끼고

휘몰아치는 시베리아 바람에
수많은 병사를 데리고
동행하자고
Manas는 오는구나

11세기
데무진 최후의 통첩을
Hope City는
지나는 태풍으로 알았지만
처참한
파괴와
학살은
대제국의 시발점으로
문명과
문화는 한 줌의 재로 화하고
낯설은 방문객을 수줍은 듯
맞는구나…

어제도
오늘도
내일도
Manas의 Apocy는
천 년 후
어느 날 황금 독수리가 나타나
유라시아의 창공을
지배할 것이라고
전하고 있지만

처절했던 역사 속에
또 다시
들을 수 있을런지
그 아름다운
사랑의 이야기를
그 많은
영웅들의 이야기를…

갸우뚱한
Burance Tower (a-maaret)는
데무진의 웃음 속에
그 높이를 줄이고

살을 에는
이 찬 바람은
못 다한
그 이야기를
오늘 마저 하려 하는구나

말밥굽 소리와 함께
광활한 시베리아로
카스피아 해를 지나
열하의 이란과
사우디의 사막으로

인도와
파키스탄의 북부로
우즈베키스탄을 지나
아프가니스탄으로…

북소리에
맞추어
지는 해를 쫓아
어둠을 몰아
춤을 추며
Manas의 인도 하에

영원한
파괴를 향해
불태우며

이제
곧 평화와
새 생명이 태어나고
사랑의 이야기를
만들 때라고

갈 길이 바쁜
나그네에게
달콤한 목소리로
Manas는
속삭이는구나

어렴풋이 동녘에서
어둠은 걷히고
Tien-Shan 산의
지하의 연옥으로
되돌아갈 것이라고

저 멀리에서

희미한 미소 속에
어머니는 손짓하시는구나

빨리,
발길을 재촉하라고…

| 참조 |

Mana : 키르키스탄의 전설적 영웅.

천산산맥 : kyrgyztan과 kazastan과 중국과 키르키스탄을 갈라놓은 히말 산맥과 연결된 중앙아시아의 산맥.

Issy-Kul Lake : Kyrgyztan에 있는 세계 2위의 호수로 Issy는 덥고, kul은 찬 호수를 일컬음.

Hope City : 후세 사람들이 고쳐 부른 이름. (징기스칸이 제일 처음 파괴하고 약탈한 곳)

Manasy Apocy : 50만 단어의 서사시로 입과 입으로 말을(음을 붙여) 통하여, 전해오던 중앙아시아의 민족 이동과 역사를 최초로 정리한 서사시.

Burance Tower : 데무진(후에 징기스칸)의 공격을 받고, 2주 기간의 항복 권고를 무시하여 전멸 당한 당시에 가장 부유하고 문화가 발달된 도시 국가로 유일하게 탑만 남았음. 후에 지진에 의해 높이가 줄면서 기울어 오늘까지 전해짐.

부삼대

아파라치아의 산에서
바라보는
봄의 Virginia가 좋아
아직도
Potomac 강변을 걷고 있다오

어느 날 대동아 전쟁 시절
황량한 만주 벌판의
설한풍을
이야기하시던
주름진 아버지의 얼굴을
떠올림은

어쩌면
감미롭게 흐르는
이름 모를 음율의 탓만은
아니겠지요

그렇게 인정의 소외지에서
그렇게 찾아 헤매던 고국을…

지금은
방랑자인 나를

진심으로 모를게요

답답한 마음은
자정을 뜻하겠지,

어느새 눈은
저렇게 쌓였는데

또 다시
미소 띤 아버님의 얼굴은
어제의 이야기를
오늘
마저 하시려는 거겠지

아들이여
이 한밤의 아픔을
나
네게 이야기 하고 싶지만
오늘을 참는구나
할아버지의 이야기들을,

이 순간이 지나면
너는

오늘을 못 살다간
한 소외자의
슬픔을
진정으로 모를게다

내일의 꿈에
가려서
이 한밤이 지나면
태양은
또 다시 떠오르는 것을

그건
내일이겠지만

| 참조 |
Virginia : 미국 동부의 주 이름.
Potomac : 미국 수도 워싱턴 D.C를 끼고 흐르는 강.
대동아전쟁 : 일본과 러시아의 전쟁.

이방인

이방인이 무어인지
당신은 아십니까?

외모가 다르다고,
피부 색깔이 다르다고,

언어가 다르다고,
풍습이 다르다고,

바다를 사이에 두고,
그 오랜 세월을
무어라고 생각하십니까?

그러게
오늘도,
Grand Canyon은 말없이 지구의
연륜을
깊이깊이
만들고 있지 않습니까?

당신은
물과 기름의 만남을 아시겠지요
수(數)의 우월 속에

둥둥 떠다니는 한 방울의 기름을

당신은 모를 겁니다

글쎄올시다

물과 기름의 만남도
인연이라고 할지

쏟아지는
언어의 홍수 속에
무언으로 답하여야 하는

당신은 모를 겁니다

피부 깊숙이 우러나오는
이 이방인의 한숨을

| 참조 |
Grand Canyon : 미국 애리조나 주에 있는 계곡.

당신이 물으신다면

당신이 누구냐고
물으신다면

나는
고장 난 시계라고
대답할 것입니다

하루 24시간을 못 가는
시계라고

왜냐구요?
고장 난 시계입니다

빨리 가도
탈이고
늦게 가도
탈이고

어언
나는 서다가는 가고
가다가는 서는
고장 난 시계입니다

누구나
쓸모없는
시계로
알고 있지만
나는 그녀가
오기를
오늘도
기다리고 있지요

하루
24시간을
가지 못하고

일 년
열두 달
365일
내내 쉬고 있는
고장 난 시계입니다

왜
고치지 않느냐고요?
그녀가
오기를 기다리고 있지요

믿을 수 있을까요?
물론이지요
어제도
오늘도
내일도 또
내일도
그녀가
무지개를 타고
오기를 기다리고 있지요

PS: 누가 시간을 만들고
시간이라 불렀을까요?

Evergrade National Park

너는
보았는가?
끝없는 갈대숲의 콘트라스트를

창세기의
시공을 넘어
기웃거리는
우둔함을

발가벗은
자신이 수줍어
Palm Tree 너머로
얼굴을 가리는
이글거리는
석양은
오히려
낭만적이어라

그래서
나는 태양을 사랑하노라

주기만하고
받을 줄 모르는
변함없는

귀천을 모르는
크나큰
아량과
사랑을

오늘도 악어는
스스럼없이
태양을 향해
그 큰 입을
벌리고

어제와 오늘과 내일도
또한
내일도

그 고마움을
플라멩코는
아름다운 군무로
표시하는구나

| 참조 |
Evergrade National Park : 미국 동남부의 끝 플로리다 주에 있는 국립공원.
Palm Tree : 열대 지방에서 성장하는 나무.

카니발

카니발이
지나간 후의
그 어수선함을

그건
어제라고
너의 눈동자는 말하고 있구나

옛날 옛적에
동과 서를 다스리는
상계의 신은
학을 타고
구름을 몰아
신선동 구천곡에서
명상에 들어갔답니다

신선에게
오늘은
내일의 일부임을
알고 있었으니까요

대기권을 발아래
성층권을 머리 위로

바람을 몰아
학을 타고
신선동 구천곡을
엿보았답니다

이때
천둥 번개가
알려주더군요

그날
그때의
신선은
더 이상
볼 수 없다고

때가 되면
타고 온 학은
둥지를 틀기 위해
북극으로
떠나야 된다고
말입니다

오늘도

돌아온
카니발을
생각하며
포토맥강의
싸늘한 겨울바람에
너의 얼굴을
오버랩함은
학의 맘을
기다림이지요

Richmond로 가는 길

여름 한가운데
칠월 칠석은 있지요

그러게
견우직녀는 손꼽아 기다려서
오작교를 건넌다지요

그때는
동서남북이 없었겠지요

(알았어요 몰랐어요 아시겠지요)

오래전에
알고 있었답니다

남쪽 나라 리치몬드는
따뜻한
마음의 고향,
언제나 봄은 그곳이기에
그레이하운드에 실려
찾아가고 있다오

기러기야

오든 가든
오늘도 가고 있다오

그러게
비가 오나 눈이 오나
나
남쪽 나라를
찾아가고 있다오

잊어버린
세월을
못 기다리고
아련한 기억을
더듬으면서…

무언

회색암벽(요세미티 Wall)
EL-Capital의 웅자 앞에
구태여
어떤 감탄사는
무색함이어라

천만 년의 암벽은
계곡의 울창한 송림을
배면에
millerr의 호수를 낳고
타호의 호수로 이어지며

너
오늘, EL-Capital의
정상에 서서,
무엇을 보고 섰느냐,
무엇을 찾고 있느냐,
무엇을 기다리고 있느냐

계곡으로부터 어둠은
무섭도록
깔려 오는데
저 멀리
어디에서건 들려오는

인디언의
북소리에 맞추어

머리 위로
은하수는
무리 지어 흐르고

그 너머 아지런한
은하수 너머
빨리 오라고 손짓하시는
그녀의
웃음 지은 얼굴은
언젠가는
찾아가야 할
그렇게
찾아 헤매던
유토피아임을

| 참조 |
요세미티 : 미국 북 캘리포니아에 있는 국립공원.
EL-capital : 요세미티 공원 내에 있음.
Miller : 요세미티 공원 내의 호수.
타호 : 캘리포니아와 네바다 사이에 있는 호수 이름.

그대에게

짙푸른 태평양이
마주 닿는 곳이
내 고향
극동 한국이라오

이방인의 설움이
마주할 때마다
복받치는
설움이 마주할 때마다
달려가 안기고 픈 당신이라오

어인 일로 당신을 떠나
당신 멀리
대서양 연안에 서서
당신을
그리워함의 어리석음이여

오늘밤
심연의 나래에서
오작교를 건너
도란도란
못 다한 이야기들을
끝이 없는 미소 속에

주고받았지만

그건
찬란한
한낮의 꿈
내일의 희망이었음을…

시간

당신은 아시겠지요
누가 처음
시간이라고 말했을까요?

당신은 아시겠지요
누가 처음
시간을 사용하였는지를 말입니다

당신은 아시겠지요
누가 처음
하루를
24시간으로
나누었는지를요

당신은 아시겠지요
철이와
순이가
네 별 하나
네 별 둘
별을
세고 있을 때가
언제였던가를 말입니다

당신은 아시겠지요

누가 처음
시간을 분으로
나누었는지를요

당신은 아시겠지요

누가 처음
밤과 낮을 나누었을까요

당신은 아시겠지요
누가 처음
분을 초로
나누었는지를요

당신은 아시겠지요
철이와
순이가
언제쯤
다시 만날 것을
그건 윤회인 것을…

당신은 모르시겠지요
시간이
언제쯤
끝날 줄을 말입니다

태동(胎動)

은하계 넘어
상계에서
바둑에 몰두하고 있는
신선은
닥쳐 올 하계의 혼란을
잠시 잊고 있었다지요

하계에서는
상계의 계율을 어기고
언제부터인가
수메르인은
유프라테스에
제국을 건설하고
조로아스터의 신과
크리스찬의 유일의 신과
유대계가 시작되고

얼마 후
Nile 유역에서는
파라오는 LaLa의 신을
Isia와 Oshiro로
이어 가고 있었고

수메르인이 사라진 후
유프라테스
지역을 중심으로
바빌로니아는
시작되고 있었으며…

자고 나면
새로운 얼굴이
무리를 지어 나타났고
이들은
어디에선가
또 다른 언어와
풍습을 가져왔으며

그러게
함므라비의 법전이
만들어졌고
신의 바둑판을
넘겨보려고
높게 높게
한없이 높게
바빌로니아의 탑은
쌓여 갔지만

바둑 삼매경에
신선의 의중은 몰랐겠지요

되돌아 가야함을 말이오

그러게 이름 지어
미완의
바빌로니아의 탑이라
후세에
기억하게 되었지요

그 많은 언어의 탄생을
뒤로하고
동서남북으로
헤어지면서 말입니다

정성껏 바쳐 온
동자의 찻잔을
신선들은
누가 먼저라 할 것도 없이
음미하며
잠시의 휴식에
들어갔지요

이때
Upper Nile과
Low Nile에서는
수메르의 흔적을 지우며
경쟁이라도 하듯
땅 뺏기를 시작하였고
이 위대한
땅 뺏기의 흔적은
룩소에서
또한
기자에서 볼 수 있으며

호머는
일리아드에서 증언을 하고
파라오의 모습은
스핑크스의 잔영에서
유추해 봄을…

신선들은
그때나 지금이나
하계의 국경이라 일컫는
분쟁의 시작을

자신의 조형인
인간을 통해
바라볼 뿐
중재의 시간을
약속하고 있지 않음이여…
하계에서는
더욱더
인간의 욕구는
또 다른 신을 모방하며
인더스 강을 따라
부락을 이루고

The great Alexander의
방문을 받으며
아시리아인이
정복하기까지
부라만은 비쉬누를 낳고
비쉬누는 시바를 낳고
불교와 “자”와
씽과 함께
상계의 적자라고
일컬으며
지구의 지붕이라 일컫는

히말리아 자락에서
히말리아 고봉만큼이나
많은 신의
탄생을 위한
이들의 고행 속에
신은
또다시 살아나고
신의 병사와 함께
밀림 속으로
퍼져 나감이여…

신들이 잠시
눈을 감은 사이
만년설의 히말리아의
고봉을 넘어
양자강에서는
도를 앞세운 노자와
중용을 추구하는
공자에 의해

이곳이야말로
지구의 중심이라는
중화사상은

양자강을 따라
남과 북의
중국 대륙으로
퍼져 갔으며…

히말리아를 비켜
천산 산을 넘어서
대인족인
퉁구스족은
만주 벌판을 거쳐
백두산에서
천재의 부름을 받아
반만년을 이어갈
단군의 아들
환웅이 태어나고

백의민족
한족이 태어나
조선 반도로
터를 잡음이여

신들은
아직도

이 모든 소요를 모른 채
각 지역의
산과 강과 바다를
연결할 수 있는
교통로를
예시하지를 않고
먼 은하계를
응시하고 있을 뿐입니다

Silk Road가
시작됨도 모른 채…

이는
오래 아주 오래전의
빅뱅의 충격이
아직
가시지 않아서이겠지요

모든 인간들은
상계를 우러러 바라보면서
신과의 대등한
대화를 위해
시간을 생각하였고

이를
달력이라 이름 붙이고
시간과 달력을
사용하기 위해
실험과 경험을
추구하면서
시간을 쪼개고
이를 속도에
응용해 사용하면서

점점 상계에
접근을 시도하며
신선들의
바둑판을 어지럽히니
이곳 또한
불안함을 느껴서인지
은하계 너머로
자리를 옮기니
멀리 멀리 저 멀리
바라볼 수 있는
기구를 생각하기
시작하는구나

상계의
잊어버린 신을
찾기 위해서…

오늘도
우주 발사는 이어지고

| 참조 |

수메르 : 200여 년 간 유프라테스를 중심으로 존재한 최초의 왕국.
조로아스터 : 이란의 국교로 페르시아 제국 전성 시 교세가 확장하였으며, 지금도 인도의 봄베이에서 조로아스터의 교를 찾을 수 있음.
파라오 : 이집트의 고대 왕국의 왕.
LaLa : (Isia, Oshiro) 이집트의 고대 왕국의 신앙.
바빌로니아 : 유프라테스를 중심으로 한 고대 왕국.
함므라비 법전 : 바빌로니아 왕국 시대 함므라비 왕때 제정된 성문법으로 세계 최초의 법전.
Nle : 이집트 강 이름.
기자 : 피라미드가 집중적으로 분포돼 있는 이집트의 지명.
룻소 : 이집트의 지명.
호머 : BC 7세기경의 희랍 극작가로 희랍 신화인 트로이 전쟁을 쓴 작가.
The Greart Alexander : 고대 그리스의 왕 이름.
브라만(부쉬쉬) : 인도 힌두교의 신(창조의 신).
시바 : 파괴와 생산의 여신(힌두교 Dance의 여신).
노자 : 고대 중국의 성인.
공자 : 고대 중국의 성인.
천산 : 히말산맥의 북쪽.
단군 : 한민족의 시조.
환웅 : 단군의 아들.

Borneo에서

아스프름
이어지고
끝없이 펼쳐지는 정글 속에
오랑우탕은
선잠을 깨어
불청객을 향해
괴성을 지르며
어서 나무 위로 오르라 한다

길은 단 하나
네가
그렇게 찾아 헤매던
노자는
거기에 계시고
기다리신단다

걷히지 않는
미몽의 안개 속에
물소리를 따라
아래에서
위로 오란다

물은 선하고

높고 낮음이 없고
쉬임이
없기 때문이란다

그때
푸드득
부엉이가 날아올라
그 소리를 듣지 말란다

그건
허황된 이야기란다

땅속을 주시하란다
네가 찾아 헤매던
검은 황금은
그 속

깊이깊이 있단다

시간을
허비하지 말란다

곧 작열하는

태양이 뜨기 시작하면
너는
아무 판단을
할 수 없을 거란다

이글거리는
태양의 힘에 떠밀려서…

이때
스르르 스르르
갈대숲을 헤치고
코브라가
붉은 혀를 날름거리며
부엉이의 말을 듣지 말란다

중용을 생각하고
공자님이 계신 곳을
알고 있으니
자기를 따라오란다

언제나
미몽의 새벽안개는
걷히려나

웡웡거리며
셀 수 없는 숫자의
모기와 거머리들은
얼마나 기다렸을까요
네가 오기까지…

보르네오의 밀림은
아직도 선잠을 덜 깨고
저 끝없이 들려오는
소리들은

어제의 이야기들을
흐르는 땀 속에
이어 가는 것이겠지…

태고에 상가타를
현인이 찾아오면
하늘이 열리고

땅에 묻혔던
황금광이 열린다는데
아직도

보이지가 않는구나

노자는
어디 계시는지
오랑우탕에게
물어보아야지

언제부터
이곳으로 옮겨 오셨는지를

오늘 말고
내일
또 내일 말이다

|참조|
오랑우탕 : 보르네오 정글 속에 사는 붉은 털의 원숭이로 인도네시아 언어로, 오랑은 사람을 의미함. 즉 숲 속에 사는 사람.
노자 : 고대 중국의 성인.
공자 : 고대 중국의 성인.
상가타 : Capital City, East Borneo, Kutai.

쓰나미

하데쓰(Hades)는
데메테르(Demeters)와
여러 날을 두고
다투었답니다

아체에서
바닷가의
발전소 배의
이전에 대한
문제였답니다

바다의 오염과
대기의 오염 문제로…

하데스는
헤라클레스를 불러
오자고 했고

데메테르는
제우스에게 의뢰
천둥 번개로
일격에
해결하려고 하였지요

이에
네르다(Neruds)는
자기의 영역이므로
바람과 비를 몰아
해결하겠다고 하였지요

더구나
포세이돈은
지진과 해일을
사용하겠다고

끝없는 토론에
제우스 신에게
중재를
의뢰하게 되었지요

이야기를 듣던
제우스는
중재안을
알려주었다지요

포세이돈, 너는

깊은 바다 속에서
아무도 모르게
지진을 일으키고

네르다, 너는
파도를 일으키고

하데스, 너는
여기에
바람의 신과 같이
파도를 밀고

데메테르, 너는
여기에
스피드를 더하라고
말입니다

신들은
날짜와 시간을
협의하기 시작했더래요

그 엄청난
쓰나미의 재해는

이렇게 시작되었고

바닷가 발전소는
4km 너머
산자락으로 옮겨지고
수많은 인명 피해를 내고 말았지요

| 참조 |
하데스 : 희랍 신화에서 황천의 왕.
데메테르 : 하데스의 아내.
헤라클레스 : 희랍 신화에 나오는 괴력의 장사.
제우스 : 그리스 신화의 제우스 신(Olympus 산의 주신).
Arch: 인도네시아 수마트라의 서쪽 끝 도시. 쓰나미가 강타한 도시.
Nereda : 바다의 신.
포세이돈(Poseidon) : 바다와 지진의 신.

Happy

어쩜
이렇게 귀엽게
생겼지요

얼마 전
TV에서 보았던
치와와와 똑같네요

저 큰 눈과
저 큰 귀와…
몸무게가 얼마지요?

5파운드인데요

좀 안아 볼까요?
치와와야 이리 오렴…
멍멍멍

치와와가 아니라는데요
거짓말이지
너,
치와와가 맞지!

저는
미니어처 핀셔로
해피라고 하는데요

어언
18년을 같이 살던
해피가
오늘 새벽
마지막 심호흡을
크게 하고
눈을 감은 채
숨이 끊어졌습니다.
지난 6개월의 정성 어린
"J"의
간호를 뒤로하고…

화장을 끝내고
"J"와 돌아와 보니
전문 하나가 와 있었습니다

"J"에게
지금 막

무지개다리를 건너
그동안
찾아다니던
나의 위성에
도착
걱정하실까 봐
처음이자
마지막 소식을
드립니다

이곳은
참으로
기후가 따뜻하여
짧은 털의 저에게는
살기가 좋을 것 같군요

신선한 물이 사방에 있어
목이 마를 때면
언제나 마실 수가 있고

맛있는 음식이
사방에 있어
배고플 때는

언제나
먹을 수가 있음을
알려 드립니다

지난 18년
지구에 들렀을 때
따뜻하게
돌보아 주신 점
잊지 않을게요

두 분 안녕히 계세요
해피로부터…

"J"의
눈물을 뒤로
너는,
영원히
우리의 기억에
남았음을…

위성으로부터의
소식을
다시 읽어봅니다

해피랜드에서
해피하게
영생하기를
말입니다

| 참조 |
Happy : 기르던 개의 이름.
미니어처 핀셔 : 인공적으로 100Lb의 개를 5Lb로 만든 애완용 개.

제2부

올드 델리

올드 델리 1

한낮의 쏟아지는
태양과
수많은 자동차의
교차에
쉬임 없는
보행자가 오가는
올드 델리
번화가의 교차에서
발걸음을
멈추어야 했습니다

두꺼운
담요를 두르고
퀭한 눈을
한곳에 고정시킨
바싹 마른
인도인의 모습이
있었습니다

발길을 돌리려다
다시
돌아서기로 했지요

동시에
두 손을 휘젓는 바람에
멈칫했지요

지금
무얼 하고 있는 거요?

보면 모르겠소!
“모르니까 묻는 게 아니겠소.”
나는 명상 중이오

네가 떠난다면
어둠이 깔리고
야생 코끼리들이
여기, 보이는
가로수 잎을 먹으려고
올 거거든요

힌두교입니까?
“아니오”

회교도입니까?
“아니오”

불교도입니까?
“아니오”

그러면
크리스찬입니까?
“아니오”

그러면,
“쟈”입니까?
“아니오”

그러면,
“씽”입니까?
“아니오”

그러면
무슨 종교입니까?

그게
그렇게
중요합니까?

모르는 것 보다는 낫겠지요
서로를
이해할 수 있을까 해서요

그러면
알려드리지요

나는
지금
명상을
하고 있는 중이오

올드 델리 2

처음
오셨지요?

어떻게
아셨습니까?

우리는
계시를 받았지요

누구의
계시를 말이죠

그야
시바의 계시죠

그걸
어떻게 믿지요?

그야
속세의 사람들은
잘 모르지요

이런

이야기를
해드려야 할지
모르겠군요

종교를
믿는 사람한테는
설명이 필요 없지요

종교를
믿음이 없는 사람한테는
그걸
증명할 수가 없지요

그건
불가능입니다

그래
시바의 계시를
보여줄 수 있겠지요
기다리십시오

잠시 후
하얀 대리석을

조심스럽게
양손에 받쳐 들고 나온다

그게 무어죠?

이쪽으로 잠시 오시죠
다른 사람이
보면 안되니까요

누구나
열 수 없는 장소에

이 세계의 열쇠를 열고
당신에게
보여드리는
이 대리석의 발자국은
시바가
태고 적에
비쉬니의 명을 받고
우리를 구하러 오셨을 때
발자국을
남기셨던 거랍니다

고고학적
증명을
하라고 하시면
그건
가능하지 않다는 점이죠

진지한 수도승을
뒤로
올드 델리의
또 하루가
혼돈 속에 지나고 있다

|참조|
시바 : 힌두교의 파괴와 Dance의 신.
비쉬니 : 힌두교 최고의 신.
올드 델리 : 인도의 수도로 뉴델리에 연결된 인도의 옛 수도.

올드 델리 3

4차선의 High Way에서
갑자기
반대편 길의
차들이
정면으로
몰려오기 시작한다

놀라움에 이어서
자동차들의
경적과
서로의 감정을
토해내는
운전수들의 고성과
뒤죽박죽된
교통질서 속에

"무슨 일이 일어났나요?"

나의 물음에
인도인 운전수는
아무렇지도 않은 듯
건너편 길에
사고가 나서

그쪽 편의
차들이 이쪽으로
몰려오고 있단다

하지만 걱정 말란다

세계 제일의 인도인의
질서를 믿으란다

저기 보이는
교통경찰은
무엇을 하고 있나요

우리를
믿기 때문에
아무 일도
하고 있지 않지요

우리들이 알아서
해결을 하고
있으니까요

그러게

이들은
그 많은 종교
그 많은 언어
그 많은 인종과
사회적 신분의 차이를
자연과 함께
수용하고 있겠지요

혼돈 속의
질서를 말입니다

오늘따라
유난히
여윌 대로 여윈
간디가 보고 싶다

간디를 찾아
내일은 뭄바이를
가야겠다

타지마할

무굴 왕조의
사자한 왕은
뭄타즈마할 왕비와의
사랑의 약속에
타지마할을 완성했고
사랑의 힘은
힘과
권력과
재력
무엇과도 바꿀 수
없었던 거지요

야므나 강 건너
궁에서
달빛에 비추이는
환영에
만족하며…

명 13능은
지하이기 때문에
너무 답답하고
기자의
피라미드는
너무 큰 중압감에

중압감과 답답함을
제외시킨
저 아름다운
조형물을
자신이 아닌
오늘의 우리들에게
남겨 주었지요

그러게
까마데바의 질투로
제국은 몰락을 가져왔지요

사쟈한 왕이
오늘을 산다면
타지마할을
또다시
시작할 거라고
생각해 보면서…

| 참조 |
무굴 왕조 : 16세기부터 18세기 중반까지 통치했던 이슬람 왕조.
사쟈한 : 무굴 왕조의 5번째 왕.
뭄타즈마할 : 사쟈한 왕의 2번째 왕비(14번째 아기를 낳다 죽음).
명 14능 : 중국 명나라 때의 지하 능.
기자 피라미드 : 이집트 고대 왕국 왕들의 무덤.
까마데바 : 힌두교의 사랑의 신.

봄베이

— 뭄바이 간디 기념관에서

이제는
그 비좁은 방에서
나오셔야죠!
이 공간도
나에게 만족한다오

오랜만에 왔구만
한 20년은
된 것 같군
기억력이 좋으시군요

요즈음은
펀자브 지역과
방글라데시에 대해
해결 방법은
변함이 없으시겠지요?

그야 물론이지
대화와 평화적으로
해결하여야지
물리적으로
해결하려면
예기치 못한

문제점이 생기기 때문에
더 어려워지지

오면서 보니
뭄바이의
해변 오염이
심각한 것 같은데 말입니다

포세이돈이
많은 걱정을
하는 것 같았습니다

나도 알고 있네
자연을 너무 소홀히
생각한 결과지

모든 것은
윤회란 것을
잊으면 안되는데 말일세

요즈음
여러 곳에서
종교와 정치가 어려움을

겪는데 말입니다

좋은 이야기이네

BC 3-4 세기 때
소크라테스와 플라톤의
공화국이 생각나는군 그래

쉬운 것 같으면서도
쉽지가 않다는 것이겠지

서로의 공생과
이해가
상충하면서 말이네

그보다
먼저
뭄바이 초입에서
판자촌을 보았지?
변화가 있던가?
여전하던데요
사실은 말일세

그 문제가
더 시급하지

카스트 제도가
완화되기는
했지만 말일세
또한
부의 평준화도
이루어져야 하고

당신은 영원히
우리의 가슴속에
죽지 않음을

| 참조 |
뭄바이(봄베이) : 인도의 항구 도시.
펀자브(펀잡) : 파키스탄과 연결된 지역.
방글라데시 : 인도에서 독립된 국가.

룸비니

저길 보세요
어디를요

저쪽
길모퉁이의
쓰레기통을요

아직도 모르세요
“아 – 하!”

이제사 보셨군요

룸비니를 방문 중
길 건너 코너에서
야생 원숭이와
집에서 기르는 당나귀와
집에서 기르는 개와
집에서 기르는 닭이
한데 어울려
머리를 맞대고
쓰레기통에서
먹이를 찾고 있었습니다

동행한 네팔 인에게
어떻게 생각하느냐고
물었지요

그는
싱긋 웃으며
제게
불타가 가르쳤던
불성이 아닐까요

저 멀리
히말라야의 마나슬루와
란탄으로부터
눈부시도록
비쳐오는 순백의 빛을
바라보면서

그래!
저게 바로
불성이라는 것이겠구나

불타가
그렇게 중생들에게

설파하였던

그건
우리들 자신에게
우리 주위에 있는 것을

| 참조 |
룸비니 : 현 네팔 국으로서 석가모니(불타)가 태어난 곳.
마나슬루(란탄) : 8천 미터가 넘는 히말라야 봉오리들.

봄을 기다리면서

해마다
2월 중순이면
버지니아 일대와 워싱턴에는
수줍은 듯
분홍색의 홍조를 띤
신부와 같은
매화가
검은 회색 겨울을 감싸듯
봄의 전령으로
피어나기 시작한다

곧이어
원색의 노란색을
대지에 물들이듯
개나리와
흰 꽃의 Pear Brothford가
피면서
기나긴 겨울잠을 깨라고
화려한 봄의 문을 열면

빨간색의 카디널과
라벤더
브로제이드와

여러 종류의 철새들이
남쪽으로부터
뒷 야드와 앞마당으로
새끼들을 데리고
조잘거리면서
인사를 시키고

일부는 더 북쪽으로
나머지는
짝을 짓기 시작한다

곧이어
뒷마당의 벚꽃과
진달래와 철쭉이
고운 자태를 보이면

버지니아덕이 흰 자태를
보이기 시작하고

붉다 못해
자줏빛을 자랑하는
제라늄이
피기 시작할 때면

어디에선가
윙윙대며
왕벌이 시위를 시작하고

새끼손가락만 한
허밍 버드(Humming Bird)가
나타나서
현란한 날갯짓으로
제라늄의 꽃술에
부리를 박고
꽃분을 취하기 시작하면
주위는 온통
초록으로 충만하다

금년에는
잊지 말고
물어보아야지

그 작은 날개로
비행기로도
몇 시간 걸리는
거리를 어떻게

해마다 찾아
오는지를 말이다

내년에는
비행기 표를 보내겠다고
물어보아야겠다

시간이 정지한 듯한
회색 하늘에서
하얀 눈이 소리 없이
내리고 있는
텅 빈 뒷 야드를
바라보면서

소복이 쌓인 눈 위에
잊혀졌던 얼굴들이
손짓한다

다람쥐

집 주위에
아름드리 참나무가
4월부터
꽃이 피고
새잎이 피기 시작하면

단풍이 질 때까지
다람쥐들이
몰려들어
도토리로도 따먹고
부산하게 움직이며
집도 짓고
Deck의 Sliding 도어도
노크하고
새끼도 치고 하면서
한여름을 살찌운다

또한
새들과 다투기도 하지만
앞집의 까만 고양이와
자주 싸우면서
이때부터
고민이 찾아온다

한 마리
한 마리
숫자가 줄어드는 게
안타까워

고양이 주인에게
주의를 주기도 하고
항의도 하였지만

그건, 자연이며
자기가
관여할 일이 아니란다

이건
야생이기 때문이란다

안타까운 마음에
내가
다람쥐의 언어와
고양이의 언어를
이해하려고 하지만
시간이 걸릴 것 같다

그렇다고 멀거니
꼬리를 흔들고
천진난만하게
쳐다보는 다람쥐를
외면할 수는
없겠고…

금년에는
좀 더
다람쥐와 고양이를
화해시킬 방법과
대화를
찾아야 될 것 같다

이 또한
신의 배려일까를 생각하며…

흰꼬리사슴 1

언제 보아도
우수에 젖은
너의
큰 눈은
변함이 없구나

짧은 흰 꼬리를
흔들면서
쳐다보는
너의 눈은
많은
이야기들을 하려 하지만
짧은 흰 꼬리를 흔들면서
언제나
바삐 돌아서는구나

그 큰, 선한 눈을
내리 깔고
너는
시인인 것을…

모두들 모르기에
언제나

서운한 듯한 눈이지만
나는 알고 있단다

너는
시인인 것을…

네가
사라진 나무 사이로
짧은 흰 꼬리를
찾아보면서
내일을 기다려 본다

느릿느릿
라쿤(너구리)이
힐끗거리며
지나가면서
자기는 어떠냐고
물어본다

흰꼬리사슴 2

웅성거리는 소리에
밖을 보니
8자매의
흰꼬리사슴들이 와 있다

이렇게
대낮에 전 자매가
오기는 처음이다

언제 봐도 시원한 긴 목과
큰 귀와 큰 눈과
긴 다리는 변화가 없는데
안정이 안 된 것 같다

웬일이냐?
너희들
엄마, 아빠는 어디 있니?

그 중
제일 큰 사슴이
슬픈 듯
큰 눈을 내리깔고
아버지를 사람들이

죽였어요

엄마는?
아버지를 감싸다
엄마도 죽었어요

어쩌다 그런 일이 일어났니?
개발업자들이
우리 집을 헐기에
아버지가 항의를 하다
그렇게 되었지요

이제 우리는 어디로
가야 되는지
길을 알려 주실래요

괜찮다면,
여기 뒷마당에
당분간 있으렴

그건
어려울 거예요

곧 야생동물
감시반원들이 올 거니까요
빨리 길을 알려 주실래요

그래,
집 뒤뜰을 따라 내려가면
공원에 도착하고
그곳은
물도 있고
당분간은
지낼 수가 있을 거다

어려움이 있으면
언제든 찾아오렴

어쩌면
이게
이들과 마지막일 거란
예감이 든다

잿빛 하늘의 겨울

이리 저리
구르던
참나무 잎이
도토리들을
겨우내
사랑으로 덮어 줄 때면

잿빛의
회색 하늘이
살을 에는 듯
휘몰아치는
겨울바람에 대지는
더욱
굳어지고
참나무 몸통은
점
점
검은 빛을
띠기 시작한다

오늘따라
거울이 말을 걸어온다

듬성해지는
머리카락 수에
나이를 먹어 가는구나
나이를 먹어 가는구나

어디에선가
고기 굽는 냄새가
차고 문 사이로
들어온다

이웃집 아이들이
학교 갈 시간이
되어 가겠지…

검은 색의 참나무가
오래지 않아
초록으로 바뀔 때

봄은 다시 돌아오고
굳어진 대지가 풀어지며
수많은 생명을
잉태하듯
푸른 바다가 초록빛을

띠기 시작하면
수많은
생명을 잉태하며
새 생명이 뛰어놀고…

언제나
잿빛 하늘은 걷히려나?

창문 너머
길가에 가로등은
외로움을 더해가고
앙상한 가지의 참나무는
더는 흔들릴 잎이 없기에
묵묵히 제자리를 지키면서
멀리서 개 짖는 소리에
새벽은 열리나 보다

이른 새벽의
차갑고
신선한 공기는
선별된
반짝이는
새벽별의 선물임을

4월 어느 날
바닷가의
비린내 나는
바다 냄새와 함께
잿빛 하늘의
겨울 한가운데를
지나고 있다

“축 창간” 성동일보

성동구의 중요함은
삼국시대 때부터
신라의 선점으로도
알았겠지요

천년의 도읍지
서울을 정하기 위해선
성동구가 있어야
된다는 것을
말입니다.

오늘
성동일보는
오랜 산고의
진통을 끝내고
2월의 동토 속에
봄을 알리며

성동일보의 창간을
성동 구민과 만천하에
알리면서

기축년

소처럼 우직하게
성동 구민과
희로애락을
하겠다고 말합니다

성동일보는
어제가 아닌
오늘이 아닌

정의와 신념과
사명의 등불을
내일을 위해
오늘
창간을 하였습니다

(주)천우미디어그룹에서
막내로 말입니다

봄은 조용히
곧 이곳을 통해
오고 있는 것

오늘은 기쁜 날

태평양을 지나
미 대륙을 지나
대서양 연안에 서서
성동일보의 창간을
진심으로 축하합니다

성동 구민과 함께
얼마나
너의 창간을

떠오르는 태양과 함께
기다렸는지

오늘이 아닌
내일을 지켜보면서
중단 없는 정진과
끝없는 발전과
희로애락을
성동 구민과 함께 할 것을

공간(Space)

대기권에서 바라본
성층권은
점점 회색으로 변하며
어두워지기 시작한다

그 아름다운 지구의
푸른빛을
잃어 가면서

성층권에서 바라본
대기권은 텅 빈 듯하지만
그 많은
인류와 동물과 수목들이
살고 있고

또한
아무것도 느낄 수 없지만
대지에 닿을 때까지
질량이 그득한 것을 말입니다

수면에서 바라본
바다 속은 텅 빈 듯하지만
그 많은

고기들과 산호초가
가득 채운 듯하지만
아직도 텅 빈 듯함을

고기들은 느낄까요
물이 가득함을
위로는
대기권과 성층권이 있음을

아인슈타인은 E=MC SQUTD 2/5로
Energy를 설명하여 주었지만
Space도
적용될까를 생각해 본다

밤과 낮이
나뉘는 지점을
비행기에서 바라보며

좁디좁은
창문으로 비추이는
찬란한 아침 햇살이
붉게
구름을 물들이며

퍼져 나가고

반대쪽으로는
점점 회색빛을
띠면서 어두워지고
밤이 저물어 감을
동시에 바라보면서

평화와 전쟁
건설과 파괴
선과 악은
양면성을 가지고 있다지요

지금 어느 쪽으로
가고 있을까를 생각해 봅니다

시바와 함께

라후 City에서

저 높은 천장에
보석을 어떻게 박았을까요

그건 코끼리를 이용했지요
The Great Alexadner도
똑같은 질문을
했다지요

규모는요
사우디의 제다의 사원
다음이
시리아의 암만이고
다음이
이곳이지요

10만 명의 신자가
알라에게
기도를 구할 수 있는 규모이지요

언제부터
규모가 커야 되었는지 모르겠다
케네디 미 대통령과
재클린이 중동 순방 중

제일 먼저 찾은 곳이
이곳이지요

또한 6개월 후
다시 오기로 하였지만

텍사스 댈러스에서
암살당함으로써
6개월 후
재클린만 다시 왔었지요

전에는 왕궁이었지만

누구나
사원에 들어갈 때는
신발을 벗었나요?
"물론이지요."

그 많은
사람들의 신발을 보관하던데
바뀐 적은 없었나요
알라의 보살핌에
그런 적은 없는 것으로

알고 있는데요

귀를 때리는
코란경의 소리에
오렌지색의 석양이
이글거리며
중동의 사막으로
모습을 숨기려 하고 있다

| 참조 |
라후 City : 파키스탄의 전원도시로 세계 3대 무슬림 사원이 있음.

무밤바

얼마나,
아프리카 내륙의
비포장도로를
달려 왔는지 모르겠다

여기저기
야생 망고나무를 바라보며
적도의 한낮은
누구나 지치게 만든다

모든 게
정지된 듯한
과거로 과거로 돌려놓는다

여기, 저기,
야생동물들은
아예
우리 일행에게
관심이 없는 것 같다
그들도 지쳤는지

벌써
여러 명의 또 다른

안내인을 데리고
다른 지역으로 이동하면서

꺼멓다 못해
푸르스름한 피부색의
원주민 여인의
등에 업힌 어린애는
평화스럽게 자고 있다

내일의 희망에
가득히 차서
마을을 지나면서
버섯 모양의
집도 기웃거리며
사하라 사막 남쪽을
지나고 있다

아직도, 적도의 한낮은
점점 무거워지고
붉은 황토색 구릉에
여기저기
한 사람이 들어갈 만한
구멍 속 50여 미터 밑을

줄을 타고 내려가면
수십여 사람에서
수백여 사람이
황금빛의 금이 섞인
흙을 담아 위로 올리면
물에 헹구어
황금빛의 금을 찾아낸다

언제부터의 금방이지요?

그건 아마
로마시대 이전
이집트의 파라오 때부터가
아닐까 하지요

이곳은 사우스 사하라의
남쪽 내륙이니까요

줄리어스 시저가
로마의 개선문을 지나
환영하던 로마 시민을
열광시키던
번쩍 번쩍 빛나던

황금 투구가 떠오른다

또한
이집트 파라오들의
황금 치장을 떠올려본다

언제
끝날지도 모르는
이들의 채광을 뒤로
어제 지나온 콩고의
다이아몬드 노천광을
떠올리면서

개천에서
방금 주운
다이아몬드 돌을
5불, 19불 하던
원주민의 얼굴이
떠오른다

마음속으로
이들의 평화를 기원해본다

신이여
이들에게
자비를 베푸소서

|참조|
무밤바 : South Sahara 사막 및 내륙 아프리카 말리의 수도.

니쓰(Nice)

은백색으로 반짝이는
바다와 하늘이
맞닿을 듯한 지중해
검은 조약돌 해변을 따라
아마테우스 7세 왕과
나폴레옹 3세를
떠올립니다

고대와 중세 때
미로의 골목을
빠져 나오면
미풍의 지중해 밤을
살로에 광장에서 지새우며
꽁지머리의 제니와 함께
어울리는
군중의 향연은
너무나 짧음이여

르노아르가 표현했던
잊혀진 시간의 로얄브로와
짙은 보라빛의 향연을
파리가 아닌
니쓰에서

찾아봅니다

그건
저 높은
하늘 속의
환희임을

또한
저 깊은
바다 속의
감추어진
슬픔임을

수줍은 동녘 하늘에
문은 열리고
지중해의
미풍은
반짝이는
별과 함께 오는 것을

잠시 후
2월 Canival de Nice를
마세나 광장에서

꽁지머리 지니도 오는가를
기다려 봅니다

내일은
마테쓰와 샤갈을 찾아보아야겠다

언제나
잊어버린 시간을
찾을 수 있을지

누구에게
물어보아야 할지를 말이다

환희의 마술사들이
이상형의 추구자들이
꿈의 설계사들이
고대와 현재에
여기에 살고
여기에서 죽고
여기를 찾아 온 것은
잃어버린 시간을
찾기 위함이겠지

내일은
라스카리스의 궁전
계단도 다시 세어 보아야겠다

| 참조 |

니쓰(Nice) : 프랑스 코트 다쥐르 주(州)에 위치하는 프랑스의 대표적인 휴양 도시. 지중해 연안의 프리쓰 휴양 도시 트랜치 리비애타의 비공식 수도. 북부 지중해 연안에 위치한 탓에 연중 온화한 날씨와 많은 일조량으로, 여름에는 피서지로 겨울에는 피한지로 유러피언들의 사랑을 한 몸에 받는 곳.

꽁지머리 지니 : 아라비안나이트의 요술 램프에서 나오는 요정.

제3부

인연

인연

그와 나는
참으로 오랜 인연을
가지고 있었다

금년은
일기가 좋아서
십년 만에
최고의 와인이
생산되었기에
가져왔지요

지난 20년간
한 해도 거르지 않고
남부 이태리에서
이곳 워싱턴까지
오고 있다

올해로
네 나이가
94살이 되는 것 같군요

백발을 쓸어 올리면서
잔잔한 미소가

입가에 흐르는 게
왠지 쓸쓸한 감을
지울 수 없다

올해는 젊은 아들을
대동했다

잘 아시겠지만
우리 집안의
와인 생산은
나의 대까지 900년째로
로마 시대로부터지요

대대로
장남은 가업을 이어 왔는데
다음 대가 걱정입니다

이 애가
장남인데
얼마나 가업을
이어갈지가 말입니다

내가 못 오면

죽은 줄 아시고
이 아기가
나처럼 첫 수확의
와인을 가져와야 할 텐데

몇 번이나
나와의 약속을
지킬지가 말입니다

우리 집안은
시실리에서부터
시작
나폴리로 왔지요

우리가 처음 만난
나폴리를 기억하시지요

자신이 안 오더라도
잊지 말란다

아들이 혼자 왔다

아버지는

지난겨울
돌아가셨단다

3년을 더 오고
지난 10년이
지나가고 있다

다음 해에는
나폴리와 쏘렌토로
이태리를 가보아야겠다

묘지도 찾아보고
장남이 아직도
가업을 이어 가는지를
확인하여야겠다

Kiev(키에브)

동토의 기나긴
회색 겨울을 지나
여름을 알리는
흰색 꽃의 Chest Nut Tree가
만개하면
5월의 키에브는
긴 겨울
잠에서 깨어난다

일찍
동방에서 온
어느 시인은
너
Ukraine가
붉은 피로 물들면
온 지구는
붉은 피로 적셔진다고

그래서
레닌은
제일 먼저 Kazakhstan과
Ukraine를 택했고
거대한 소련 제국의

시작이었음을

오늘도
키에브 대학의 담장은
그때의
핏빛색의 담장을
하고 있고

그날의
격렬했던
탄흔 자국은
그때를 증명하듯
총탄 자국을 간직한 채
뚫려 있고

저 푸른 눈의
타티아나는
오늘
그날의
처참했던
할아버지의
자유를 향한
함성에

제정 러시아제국이
무너졌다고

그
피비린내는
전 지구를 뒤엎었다고
오늘
증명하지만

분주히
오가는 사람들의
얼굴에는
그날을
되새길 수가 없구나

지나간 역사는
아무도
되돌릴 수가 없듯이

|참조|
Kiev : 우크라이나와 Kazakhstan을 레닌이 처음 공산당 혁명을 시작하여 러시아제국과 싸운 곳.

心(喜)

시작과 끝이 없는 것
한없이 높고
한없이 넓고
한없이 깊고

저 높이를
알 수 없는 곳으로부터
빛과 더불어
언제 왔다
언제 갔는지
그 끝을 찾을 수 없는
지평선임을

그건
끝이 없는
우주로부터임을

그러게
둥글다고 밖에
표현할 수 없겠지요

누군들 마음을
보았을까요

찾았을까요
알 수 있을까요
가지고 있을까요

그건
마음인 것을
언제나
알 수 있을까요
마음의 본질을

心(怒)

당신은
이해하고 있습니까?

왜
때때로
화를 내는지를 말입니다

그건
뇌성 벼락과 함께
수평선으로부터
끝없이 밀려오는
사나운
파도인 것을

또한
붉은 색으로
끓어오르는 폭발인 것을

이것을
어떻게
가라앉힐 수 있을까요

그러게

활화산이 터진 뒤
펄펄 끓는 용암이 끝없이
흘러나오지만
오랜 훗날
목초지와 구릉으로
변함을
누가 알고 있을까요

저
깊은 지하에서부터
노여움은 시작됨을 말입니다

心(愛)

마음은
항상 사랑을 갈구하고

사랑은
서로를 기대고
기다리는 것

사랑의 환희는
너무나
짧은 순간이고
그건
깊은 슬픔을 동반하는 것을

많은 시인들은
고대나
지금이나
내일에도
사랑과
슬픔과
환희를 추구하고
노래하지만
신기루이기에
느낄 뿐

형체가 없기 때문이
아닐까요

그건
끝없이
펼쳐진
모래사막을 걸어
가는 거겠지요

오아시스를 찾을 때까지
낙타와 함께 말입니다

心(樂)

즐거움은
누구나 갈구하며
이를
지속시키려 하지만
만족했다는
이야기를
들어 본 적이 있는지요

어쩌면
허상(虛像)이 아닐까요

마음은
잔잔한 호수의
표면과 같은 것

모든 상을
비추이고
품속에
받아들이지만
어떠한 충격에도
끝없는 잔영을 만들 듯

락(樂)은

붙들 수 없고
멈추지 않고
세울 수 없고
형체가 없는 것

그 깊이를
그 넓이를
그 크기를
그 높이를
알 수 없는 것

누구나
찾고 있고
찾을 수 있다고
생각하지만

그건
신기루임을

봄비

요한 슈트라우스의
경쾌한
왈츠에 맞추듯
잿빛 하늘로부터
너풀
너풀
봄비가 내리고 있다

아무도
들을 수 없는
사뿐사뿐
고양이 발자국 소리처럼
누가 초청한 사람도 없는데

언제나
잊지 않고
이때쯤이면
찾아온다

혹독한 겨울과
후덥지근한 여름 사이에
봄은 찾아오고
모두를

깨워 놓으면서
봄의
교향곡을 들으란다

소곤소곤
봄비가 내리고 있다

긴 겨울
설한풍을 밀어내듯
가지마다
경쟁하듯
봄을 맞이하고 있다

오는 봄을
축복하듯 말이다

허지만
북서쪽에서는
미시시피 강물이
넘치고 있단다

너무 많은
눈으로 인하여

아직도 미련이 남은 듯
겨울이 심술을 부리는 것 같다

한곳에
너무 머물지 말고
저곳에도
너풀
너풀
봄비를 전해주렴

오늘과 같이

Yellow Stone National Park

가깝게만 보이던
Yellow Stone National Park
잡힐 듯
멀어지는
록키 마운틴 정상의
흰 눈을 바라보며
몇 시간째
80마일로
와이오밍 평야를
달려왔다

깎아지른
연봉에
구름도 걸린 듯
살며시 사라지는
협곡에서
해가 떨어지기 시작한다

한 치 앞도
분간 못할 어둠이
깔리면서
점
점

나를 잊게 해 준다

짙게 깔린
어둠에
동화되는 것 같다

스산한
바람 소리에
야생늑대 소리가
점
점
가까워지고 있다

낮에 보았던
지하로부터
솟아오르던
열천이 생각난다

누가
수고스럽게
그 많은
자연수를
무엇 때문에

한시도 쉬지 않고
데우는지 모르겠다

그건
자연이라고 하겠지만
영하의 1월, 2월
들소의 몸을
녹여 주는 온천인 것을

무서움도
외로움도
시간의 흐름도
모르겠다
점
점
작아지는
검은 입자로
원시의 세계로
흡입되는
나를
느낄 뿐이다

얼마나

시간이 흘렀는지
모르겠다

한기가
느껴지기 시작한다

아직
살아 있다는
느낌이 든다

엄습해오는
정적 속에
오늘이 내일인지
내일이 오늘인지
느낌이 안 든다

시간의
연속성이
끊어진 것 같다

희뿌옇게 걷히는
어둠 속에
지난번

불에 타버린
민둥산 위에

힘차게
솟아오르는
새로운
새싹들의 신선함에
자연의 경이로움에
다시금
고개를 숙여 본다

오늘은
옐로스톤 공원
서쪽 아이다주의
호수에서
송어를
잡을 수 있을까
생각해 본다

체스피훼어 비취에서

5월 초의
비릿한
새벽 바다 냄새를 맡으며
동녘의 해가 뜨기 전
대서양 연안의 바닷가에
해마다
RockFish와
BlueFish를
만나기 위해
찾아온다

겨우내
따뜻한 남쪽의
캐리비안 바다에서
지내다
캐나다 위쪽
대서양의
찬 바다를 찾아
미국 동부 해안을
5월 초에
지나기 때문이다

캡틴의 미소 속에

모두들
배에 오르면서
기대들을 갖고
대서양으로 나아간다

오늘은
내가
제일 먼저
제일 큰 놈으로
모두들의 시선을
모을 거라고 말이다

낚싯줄을
통해 느껴지는
짜릿한
손끝의 느낌을
떠올리면서
혼자서
먼 수평선을
바라보며
미소를 지어 본다

해는

이미 한낮을
가리키는데
아직도
소식이 없다

여기저기
옆에서는
보라는 듯 낚싯줄을
걷어 올리면서
펄쩍 펄쩍 뛰는
RockFish를
들어 올리면서
만족한 듯
온 얼굴에
미소를 짓는 게
애처로이
선창에
흰 배를 드러낸
RockFish와
어울리지가 않는 것 같다

짜릿한 감촉에 이어
팽팽한 낚싯줄의

당김 속에
힘의 대결이 시작됐다

10여 분 후
모두의 눈을
의심케 하는
대형 RockFish를
끌어올렸다

이어
바다로 놓아 주기를
15번이나 했다

옆 친구의
의아한 시선을
무시한 채
드리웠던
낚싯줄을 걷으며
오존의 바닷바람을
폐 깊숙이
들이마시면서

그래

건강에는
바닷바람이
좋다면서

홀가분한
기분에
수평선을 응시하며
되뇌어본다

공수래
공수거라고

|참조|

체스피훼어 : 미국 수도 워싱턴 D.C. 에서 자동차로 2시간여 거리의 동쪽 대서양의 해변.

애쉬미 마을

숨가삐 달려온
200년 같다
구석기와
신석기와
청동기와
고대와
중세를
지나면서도
지난 200년만큼
모든 분야에서의
변화를 찾아보기 힘들 것 같다

미국, 펜실베이니아
랭캐스터의
애쉬미 마을을
빼고는 말이다

많은 지역에도
이와 유사한
공동체는 많이 있지만
21세기
최고의
문명국인 독일에서

미국의 동북부에서 말이다

오늘도 문명이 단절된
검은 옷과
전기가 없이
현대의 교육 시스템
문명의 혜택이 없이
우리의
할아버지들께서 했던 대로
말이 끄는 마차에
말이 끄는 쟁기로
밭을 갈고

모든 게
중세에 정지된
오늘을
종교 하나에 의지하여
살고 있다

어쩌면
내일을 밝혀주고 있는 것 같다

많은 관광객을

무시하듯 하면서
이상하게 생각하는 것 같다

저
컴퓨터를
사용하시는지요

컴퓨터가 무언데요

마차가 불편하지 않으세요?
왜, 불편하다고
생각하세요?

삶의 궁극적 목적은요?

그걸
왜, 당신에게
이야기해야 하나요

모든 것은
Bible에 있고
우리 공동체는
그걸로 만족하고 있지요

오늘도
내일도
말입니다

| 참조 |
애쉬미 마을 : 미국 동부 펜실베이니아 주의 랭캐스터에 살고 있는 신앙촌으로서 문명과 단절, 기독교 사상으로 18세기 당시에 생활을 살고 있는 독일 이민자들.

이지-쿨 레이크

이지-쿨 레이크를
아십니까

이지는 Hot
즉 덥고요

쿨은
차다는 거래요

그게 어디에 있느냐고요?

푸르다 못해
시커먼 색의
하늘을
머리에 이고
천산산맥
키르키즈에 있지요

머리에 흰 구름을 이고

한 호수에
그게 가능할까요

그러게
한쪽에서는
1미터가 넘는 바다 고기와
한쪽에서는
민물고기가 잡히지요

크기는요?

남미 페루의
산상호수
다음으로 크다지요

북동쪽에는
만년설을
머리에 이고 있는
고봉과
다른 쪽은
푸른 숲에 덮힌 산맥이
이어지고 있지요

한쪽에선
해가 비추이고
반대편은

눈보라가 치고
하루 한시의
일기이지요

선착장과 이어
유대교의 시네고와
다음은
로마 천주교의 건물과
다음은
러시아 정교회
다음은
크리스천 건물과
다음은
회교도 건물과
다음은
불교도의 건물이
사이좋게
이웃을 하고 말입니다

이어서
세계 연극인의
꿈의 무대가 세워져
정면의 벽이 열리면

한눈에
이지-쿨 호수의
시퍼런 수평선과
하늘과
천산산맥이
오버랩 되어서
누구나
숨을 멎게 하지요

셰익스피어의 햄릿을
올려 봄은
어떨까요

데무진(징기스칸)도
여기에서
대제국의 꿈을
키웠고
동시에
대재앙이
시작되었다지요

오늘도
저 멀리

흰 빛의 만년설의
천산산맥의 연봉은
변함없이 손짓하며
어서 오란다

보리수의
나무 밑으로

|참조|
이지-쿨 호수 : 중앙아시아의 키르키스탄 공화국 동북쪽 지역 산맥의 산상 호수.

Cambridge에서

— Harvard 대학의 기숙사 생활을 생각하며

보석처럼
반짝이며

하늘로부터
쏟아질 것 같은
별들이
하나 둘
사라질 때쯤이면
싸늘한 5월의 새벽
초여름의 문턱에서
보스턴과
캠브리지는
아직도
겨울이 걷히지 않고
찰스리버로부터의
카누를 젓는 소리가
유난히
정겹게 들린다

Roommate에게
들리지 않게
고양이 발소리를 내면서
다리를 건너

John F Kennedy Park를 지나
John F Kennedy Road로
들어서면

밤새도록
허기진 위를
유혹하는
향기를 따라
문을 열고 들어선다

모닝커피가 기다린다
모자라는
잠을 깨기에는
제일인 것 같다

머릿속은
Home Work를
정리해 보면서
피곤한 얼굴의
Roommate가
다가온다

통상적인
아침 인사가 끝나고
강의실로
함께 옮긴다

오늘의
하루가
내일의 세계와
연결됨이
실감이 느껴지지 않는다

진지한
얼굴들
시간이
세월이
이들의 표정을
바꿔 놓겠지만
Ivy League란
단어를
떠올려본다

11세기의
영국 Cambridge Ivy가

400여 년
이곳에서
뿌리를 내리고
미국 건국과
건설과
진행을
지속시키면서
오늘과
내일을
이어가고 있으니 말이다

무겁게 세계를
이끌고 말이다

|참조|
Cambridge: 미국, 메사추세츠 주의 보스턴 시와 Cambridge 시는 Harvard 대학 시로서 찰스강이 시의 중심으로 흐른다.
IVY: 미국 19개의 사립 대학을 말한다.

Arden House

New York의
Hudson River를 지나
해리스만 정상에서는
캐나다의
몬트리올 시로 가는
고속도로가
아련히 들어온다

14살의 어린 나이에
Hurrisman은
증권으로
철도 사업으로
당대의 부를
다음 세대의
교육을 위해
이 산과 Arden House를
교육에 바쳤고

그가
배우지 않고도
이룬 길을
우리는 어렵게 익히고 있다

그가

숨을 거둔
이 코너의 방에서
깨우치고
태어난 사람과
깨친 사람에게
배운 사람과
배우고도 깨우치지
못하는 사람의
차이를
생각해 본다

저 멀리
맨해튼의
월스트리트에서는
이 시간에도
시 초를 다투며
끝없는 신기루의
꿈을 쫓아

움직이는 게
손에 잡힐 듯하다

|참조|
Arden House: 미국 뉴욕주, 맨해튼의 콜롬비아 대학 "MBA Course"의 기숙사임.
Harriman: 가족과 함께 14세의 나이부터 철도와 증권 사업으로 부를 이룸.

유심의 고찰

머리말

유심은 마음으로부터 출발로서 여기에서 스스로의 깨달음과 또한 사물의 본질과 객관성을 깨달을 수 있는 양면성을 가졌다고 보아야겠다. 모든 행위의 동기는 마음으로부터이고 이 마음을 떠나서는 그 대상을 찾기가 힘들다고 보아야겠다.

유심을 고찰할 때 혼돈하기 쉬운 게 "도"라 하겠지만 "도"는 좀 더 "상"을 대상으로 함을 우리는 알 수 있으며, 이 "도"를 논함에 있어서는 그 영향이 유심에서의 영향임을 유추해 볼 수 있으며 이는 곧 상대성의 원리에서 발전함을 볼 수 있으며, 칸트의 순수이성비판도 유심의 다른 측면에서의 시도라 볼 수 있겠다.

1) 마음의 본질

유심의 출발을 마음으로 하였을 때 이는 영원성을 의미하며 이 영원성은(하나의 가면) 허구를 전제로 희로애락을 연출하며 마음에서 만들어낸 허구를 상으로의 대칭으로 반영된 순간의 현상임을 유심은 밝혀주고 있다. 이는 객관성을 전제로 하여야 하며 이를 구분하였을 때 유추할 수 있는 게 "상"(피안과 대안)이며, 상을 찾을 때 성으로의 구별과 위로 유도됨을 간과할 수 없으며 이를 끝없이 세분화하는 과정에서 종과 파를 낳는다고 하겠다. 이를 굳이 세분화하려는데 유심의 뜻을 오도할 수 있는 위험성의 내재를 찾을 수 있다 하겠다. 잠시 돌려서 마음을 이야기할 때 마음은 그 대상을 스스로 만들어낸 영상으로 모든 물체는 이에 반영된 대칭으로 볼 수 있음을 유심은 일깨워주고 있음을 알 수 있으며 이는 부확정의 영상을 상대로 하여 깨우침이란 점에서 가정의 계율과 이 계율을 유지하려는 계율의 필요성에 의해 모든 사물을 직시하려는 데에서 대칭의 객관성에 대비시키지 않을 수 없다 하겠으며, 이로 인한 세분화의 길로 들어섬을 피할 수 없음을 역시 실체가 정확하지 않기 때문이 아닌가 사료됨을 지울 수 없다 하겠다.

2) 상에 대하여

유심사상에서의 성과 성 위로 분류됨을 볼 때 먼저 상의 근거로 무한과 무시간과 무결정에 무변경의 마음을 대칭으로 상은 현상을 논하며, 현상은 그 유한과 시간과의 대비와 결정되었다는 고체의 관념에서 출발함을 우리는 인지할 수 있으며 상은 형태가 있으며 형태가 있으므로 변형을 예상할 수 있으며 또한 소유욕에의 가능함을 예측할 수 있으며 이에 소유가 가능함으로 선과 악을 파생하는 동기를 찾을 수 있으며 그러기에 무의 심과 대칭됨을 부인키 어려움을 알 수 있으며 상은 곧 "유"요 "유"는 곧 "무"와 동반임을 유추할 수 있다고 하겠다. 그러기에 인간의 실체와 우주와 지구상의 모든 물체는 존재하게 되며 그 본질을 파악하게 되는 동기를 마음으로부터임을 유심은 제시하고, 이는 곧 성과 이어지며 표현됨을 알 수 있다 하겠다. 성은 진리의 세계로 이는 순수함을 의미하며 이의 대칭으로 부정법을 정화시키는 과정으로 이는 곧 마음의 변화를 의미한다 하겠다. 이때 유심에서의 깨달음의 차이를 찾을 수 있으며 지혜의 마음(혜안)이 열림을 암시하고 있으며 여기에서의 변화로 얻어지는 과정을 지혜의 얻음이라 하겠지만 이는 깨달음과 구별되어야겠으며, 목적과 수행의 목적이 곧 마음의 실천이며 많은 행위의 움직임이니 이는 곧 실천을 의미하여, 보이지 않는 마음의 변화라 하겠다. 이는 보이는 상을 대상으로 삼으며, 그 대상을 넓혀감으로써 실천의 동기가 됨을 찾을 수 있다 하겠다. 다른 면으로는 자기완성을 위한 정진에의 길이라 하겠다.

3) 성

"성"은 무릇 인간의 본성을 포함하여 모든 상의 실제적인 실체를 의미함을 알 수 있으며 이를 통하여 변이를 구분, 표현함을 알 수 있다. 이는 과정과 변화를 의미하며, 이 변화는 정화의 과정을 거쳐 진리에 도달되는 것이라고 불러도 무난하리라 믿으며 이는 곧 상이 하학의 최종 목표라고도 하겠다. 현대인의 물질 오염을 정화함은 곧 분리와 진보의 과정을 통하여 진리로의 진행을 거쳐 성의 본성에 도달할 수 있으며 이때 비로소 지혜로 환원됨을 유심의 세계에서는 일깨워 주고 있다. 이 과정의 지혜를 표현하고 있으며, 자기 마음의 정화는 과정과 이끌음의 관계로의 발전을 의미하고 있음을 찾을 수 있다. 이를 굳이 표현하자면 방법론을 예견할 수 있으며, 이를 전이되고 있음을 간과할 수 없다 하겠다. 이는 깨우침으로서의 정화를 지나 실천함으로 여기에서 "도"와 근본적 차이를 찾을 수 있음을 알 수 있으며 동기와 행위와 목적의 다름을 의미한다고 하겠다. 그 구체적 방법으로의 과정을 제시해 주고 있으며 이의 근원으로서 오늘은 내일의 부분임을 밝혀주고 있다 하겠다. 이 "성"에서의 과정에서 선과 악, 과거와 오늘과 내일의 영속성을 찾을 수 있으며 이는 곧 계속 계승을, 영원 연속성을 의미하며 자기완성과 이 완성을 통하여 삶으로의 실천을 제시해 준다고 보아야 하겠다.

결론

오랜 세월에도 불구하고 오늘날도 궁극적으로 유심의 본질에의 접근과 실천에는 변화가 없으며 있어서도 안 됨을 현재에 이르기까지 그 본질에는 변화가 없다고 보겠으며, 앞으로도 이것의 변화는 없으리라 이미 밝혀주고 있으며 이의 접근에 의해 자기완성과 이를 공유함이 그 목표로 볼 수 있다 하겠다.

문학세계대표작가선 573

이삭 The Waste of Sole

한승덕 시집

인쇄 1판 1쇄 2009년 6월 5일
발행 1판 1쇄 2009년 6월 12일

지 은 이 : 한승덕
펴 낸 이 : 金天雨
펴 낸 곳 : (주)천우미디어그룹/도서출판 天雨
등 록 : 1992. 2. 15. 제1-1307호
주 소 : 서울시 성동구 하왕십리동 966-23 금룡빌딩 2F
전 화 : 02)2298-7661
팩 스 : 02)2298-7665
http://www.moonhaknet.com
E-mail : ing@moonhaknet.com

© 한승덕, 2009.

값 8,000원

* 이 책의 저작권과 판권은 작가와의 협의에 따라 도서출판 天雨에 있습니다. 도서출판 天雨의 서면 동의 없는 무단 전재 및 복제를 금합니다.

* 저자와의 협의에 따라 인지는 생략합니다.

ISBN 978-89-7954-420-6